Hans Magnus Enzensberger

Leichte Gedichte

In Bilder gesetzt
von Jan Peter Tripp

Insel Verlag

Insel-Bücherei Nr. 1521

Leichte Gedichte

Warum Gedichte leicht sind

Kümmere dich nicht
um die allererste und letzte Zeile!
Fang einfach von vorne an,
obwohl zigtausend Verse
dir im Kopf herumspuken.
Es hilft nichts, zu grübeln.
Du mußt keine Epen schreiben,
keinen Roman, keine Manifeste.
Du hast nichts zu erzählen.
Nur die Geschichte redet dir ein,
auf den letzten Satz komme es an,
bloß, weil er der letzte ist.

Vice versa

Das meiste geht auch andersherum,
links und rechts, vor- und rückwärts,
ausgenommen die Einbahnstraße und Sackgassen;
Heirat und Scheidung, reich und arm,
Ehre und Schande.

Am besten, man schaut sich nicht um,
sonst gerät alles durcheinander.
Der Hals ist wendig
wie die Planeten.
Selbst die Fixsterne flackern.

Lieber nicht!

Künstler bilden sich ein,
daß sie etwas Besonderes sind.

Es gibt immer mehr Künstler.
Künstler wollen berühmt sein
und Geld haben, Preise und Orden.
Soviel Andrang ist unangenehm.

Dann doch lieber die Schlange vor der Bäckerei
in einer Hungersnot.

Wen freut die gemäßigte Zone?

Trübe Aussichten aus dem Küchenfenster.
Im Dezember schlägt die Finsternis
immer früher über uns zusammen.

Ohne Mantel, Schal, Kapuze
und Regenschirm wagt niemand
sich mehr vor die Haustür.

Nur die Elster, die Elster lacht.
Worüber lacht sie? Lacht sie uns aus?
Die Elster lacht immer.

Bipedes

Ohne Kreiselkompaß
auf zwei Beinchen voranzukommen
ist schwer, aber nicht unmöglich.
Die Taube setzt einen Fuß vor den andern.
Der Strauß ist schneller als sie.
Das Känguruh muß hüpfen.
Nur wir können gehen,
seit ein paar Millionen Jahren.
Ohne Dressur ist das nicht
zu erreichen; denn die Balance
ist labil. Wenn das Kind
nicht will, daß es stolpert
und stürzt, muß es üben.
Dinosaurier, Pinguine, Krokodile
und Roboter sind ungeschickter
als das krabbelnde Baby.
Zum Glück bemerken wir nicht,
wie sonderbar es zugeht,
wenn wir ihn beherrschen,
den aufrechten Gang.

Übrigens

können wir das meiste
lassen, uns ersparen,
weil es zuviel ist.
Wir müssen nicht mehr
als nötig tun, als Gott
von uns verlangt.
Nebenbei bemerkt,
ansonsten können wir
das meiste vermeiden,
weil es überflüssig ist.

Rumor

Das meiste von dem, was gemeldet wird –
die Augen verschließe ich,
beide Ohren stopfe ich zu.
Zu viele Nachrichten,
Anzeigen, Pressedienste,
Programme. Kaum ein Billionstel
von dem, was gesendet, gedruckt wird,
dringt zu mir durch.

Herzlos möchte ich nur
meine Ruhe haben vor dem Vermischten,
das mich nichts angeht:
Busunglücken in Pakistan,
Entlassungen von Handballtrainern,
rührenden Rettungen
in letzter Minute.
Ein unerfüllbarer Wunsch!

Dreizehn Gründe, sich über die Nachbarn zu ärgern

Weil sie nicht grüßen,
weil sie bis zum Morgengrauen feiern,
weil sie alle Jahre ihre Wohnung renovieren,
weil sie kein Geld haben
oder zu geizig sind,
um sich an irgend etwas zu beteiligen,
weil sie über dem Schlafzimmer nachts oben turnen
oder ihre Möbel verrücken,
weil sie Angst vor Dieben haben
und keine Pakete annehmen,
weil sie nie da sind,
sondern in Thailand,
in Südafrika oder Mallorca,
weil niemand sie kennt,
weil das Treppenhaus vermüllt
und nie geputzt wird.
Sonst ist alles in Ordnung.

KIkeriKI

Die Kunst hat viel mehr Gattungen,
Sparten, Abteilungen, Genres,
als ihre Theoretiker glauben.
Sie verbindet sich schamlos
mit dem Honig, dem Dünger
oder auch mal mit dem Stopfei,
der Pause, dem Fehler, der Seide.

Künstliche Gebisse,
Nieren und Befruchtungen
sind üblich.
Am zukunftsträchtigsten
ist es, den Propheten zu glauben,
jedoch nicht der künstlichen Intelligenz.
Noch vor ein paar Jahren
stand sie nicht im Duden.
Nur die Experten erwähnten sie.

Aber seitdem drücken sie alle Politiker
und Investoren an die Brust,
weil sie nicht fassen können,
wie stur sie ist und wie dumm.

Schwarze Mouches

Diese Fliegen sind eine Plage.
Immer sind sie da
und tanzen uns vor den Augen,
wenn wir die Lider öffnen.

Wir können sie nicht fassen:
Auf keinem Photo, keinem Film
erscheinen sie,
diese wimmelnden kleinen Spinnweben,
die das Auge erzeugt.

Nur der Dunkelheit,
dem Schlaf, der Ohnmacht
und dem Tod gelingt es,
diese Geister zu vertreiben.

Defekt

Kein Mensch ist ohne Aber.
Es ist nur eine Frage der Zeit,
bis alles kaputtgeht.
Das ist ärgerlich,
aber keine Katastrophe,
nur ein Naturgesetz.

Auch der härteste Stein
wird weichgespült
durch die Erosion.
Der Motor stottert genau dann,
mitten in der Pampa,
wenn es darauf ankommt,
die Notaufnahme zu erreichen.

Der Aufzug streikt im Hochhaus,
die Glühbirne erlischt,
die Sicherung brennt durch,
die Niere versagt.

Das Mammut stirbt aus,
und unser Zentralgestirn
währt auch nicht ewig.

Früher nannte man das
die Vergänglichkeit;
heute heißt es Entropie.

Eine anspruchsvolle
theoretische Idee,
erfunden von einem deutschen Physiker
namens Claudius.
Thermodynamik!

Man muß nur ein wenig warten,
den Bruchteil einer Sekunde
oder ein paar Millionen Jahre,
bis es soweit ist.
Nur Geduld.

Sowieso

Sowieso geht alles so weiter,
ganz ohne uns:
sämtliche Weltmeisterschaften,
der übliche Hunger,
die üblichen Kreuzfahrten
und Alleinherrscher.

Wir gehen sowieso unter
wie ein Kieselstein,
den ein Strandläufer
ins Meer geschleudert hat.
Uns braucht es nicht.

Alles geht so weiter,
sowieso.

Eine Villanelle, statt einer Kundgebung

Am Tag der Arbeit mach ich blau.
Auf der Maloche ruht kein Segen.
Der 1. Mai ist trüb und grau.

Alle heraus! Wozu genau
an diesem Tag im Schmuddelregen?
Für so was bin ich doch zu schlau.

Ich schufte schon genügend auf dem Bau.
Am besten wär es, sich ins Bett zu legen
mit irgendeiner hübschen jungen Frau.

Kollegen, lieber seh ich in der Tagesschau,
wie ihr, nur der Gewerkschaft wegen,
euch drängt, um einen Drahtverhau
von Sprüchen anzuhören. Mir wird flau.
Auf den Tribünen ruht kein Segen.

Ich glaub kein Wort von den Strategen.
Am 1. Mai mach ich am liebsten blau.
Der Tag der Arbeit ist mir viel zu grau.

30

Masse & Macht . 2020
Acryl auf Leinwand auf Holz
100 x 40 cm

JAN PETER TRIPP

Das Rondeau des Egoisten

Der erste Tag im Monat Mai –
der schläfrigste von allen –,
da bin ich nie mit euch dabei.

Sobald der Monat Mai beginnt,
wo bleibt da der Gewinn,
wenn alle auf der Demo sind?

Das hat doch keinen Sinn.
Es bringt ja nichts,
es hat doch keinen Sinn,
sich aus dem Bett zu rühren.

Das kann nur irreführen
und bringt keinen Gewinn.
Das bringt doch nichts!

Madrigal zum Lenz

Der Mai hielt nicht, was er versprach.
Dies war die Regel, die er heuer brach:
Statt Blüten gab es diesmal nur viel Schnee.
Den Knospen an den Zweigen tat es weh.

Kein Obstbaum kann der Kälte trotzen.
Ein solcher Frühling ist bestimmt zum Kotzen.
Da hilft nur eines: schleunigst zu verreisen.
Der Kompaß wird gewiß nach Süden weisen,
so wie in Weimar einst bei Dr. Goethe.

Nicht nur die Frau von Stein war ihm zu kühl.
Für diese Dame konnte er nicht schwärmen.
An einem heißen Busen sich zu wärmen,
danach zu trachten, sagt uns das Gefühl.

Ohne Eintrittskarte

Mit kühnem Schwunge kommt vom Fleck
der gute Doktor Hagenbeck.
Am 1. Mai ist zwar geschlossen
der Tierpark. Dennoch unverdrossen
wird der Direktor Waisenkindern
ihre Langeweile lindern
und ihnen Elefanten zeigen,
wie sie geschickt die Rüssel winden
und Futter in der Schüssel finden.

Pünktlich

Mit der heutigen Post sind eingetroffen:
Die Bankauskunft (günstig),
eine Beurteilung des Personalchefs (wohlwollend),
ein Kontoauszug (im Haben-Saldo),
ein Horoskop (verheißungsvoll),
meine Leberwerte (Laborbefund ausgezeichnet),
mein polizeiliches Führungszeugnis (einwandfrei)
und ein Segen (apostolisch).
Schade, daß der Empfänger gestern verstorben ist.

Saturn im zwölften Haus

Es tut mir leid, daß meine Frau
ausgerechnet heute gestorben ist.
Ich habe mir das Bein gebrochen
auf der Treppe zum Amtsgericht,
bei dem ich Konkurs anmelden wollte.

Aber das macht nichts.
Es wäre ohnehin nichts daraus geworden,
wegen des Richterstreiks
und wegen der Gehirnerschütterung,
die ich mir zuzog
auf dem Heimweg vom Trauergottesdienst.

Ein Fund auf dem Dachboden

Das hier sind nur ein paar Flusen.
Sie sind herausgefallen
aus dem Liebesbrief einer Tante,
die sich meiner angenommen hat,
als ich auf der Flucht war,
auf der Flucht vor den Russen,
damals. Und jetzt bleiben sie
an meinem Daumen hängen,
und ich kann sie nicht loswerden.

Eine Vernehmung im Keller

Schämst du dich nicht?
Alle im Haus fragen mich,
als wäre ich schuld
an der Brandschatzung.
Ich war es nicht.
Sie haben nicht aufgepaßt,
die Leute von nebenan,
als es noch Zeit war.

Die Säuberung

Wenn es nichts anderes wäre
als dieser Besenstiel,
der kehrt und kehrt und kehrt.
Aber sauber wird es nie
bei uns auf Erden,
weil wir Staub sind
und weil das Wasser versiegt.

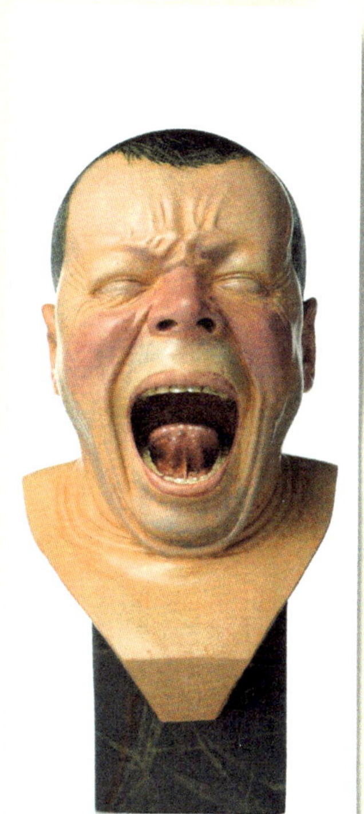

Die Aufforderung

Wer weiß, wo es langgeht?
Nicht ich bins,
sondern allemal ein anderer.
Ja, so ist es, und so
wird es bleiben,
wenn nichts dazwischenkommt,
die Einweisung
in ein paradiesisches Altersheim,
ein Tsunami, eine Bagatelle
oder das Jüngste Gericht.

Geh weiter!

Wenn du auf der Brüstung stehst,
ziemlich weit oben,
über dem dreizehnten Stock,
und ganz unten feuern
die Zuschauer dich an,
endlich zu springen.

Oder wenn du vor dem Richter stehst
und zögerst, weil du gestern
wieder einmal zu weit gegangen bist –
ein Wiederholungstäter,
wie er im Buche steht.

Rückfällig. Keine Hoffnung.
Weil die Leute zu ungeduldig sind
und weil es zu spät ist.

Schwamm drüber

Wenn das alles ist,
was du auf dem Herzen hast –
na, wenn schon!
Im Bad findest du einen Schwamm.
Sogar die Mathematiker
greifen zu ihm und zur Kreide
vor der Tafel mit ihren Gleichungen
und löschen alles,
was sie stört, weil es voller Fehler ist.

Die Fuchsrote, die mir gefällt

Hier bin ich, einer, der ganz vernünftig ist,
der weiß, wie es im Leben zugeht und womöglich im Tod.

Auch die Freuden und Leiden der Liebe hat er hinter sich,
und manchmal hat er sogar seine Pläne durchsetzen können.
Ein paar Sprachen spricht er fließend,
und er war viel unterwegs.

Den Krieg kennt er von der Infanterie her und von den
Kanonieren,
am Kopf verwundet, wurde der Schädel ihm unter
Chloroform aufgeschnitten,
und seine besten Freunde hat er in diesem Wahnsinnskampf
verloren.

Ich weiß Bescheid von beidem, dem Alten und Neuen,
soviel wie möglich,
und habe schon lange aufgehört, mich zu empören,
unter uns gesagt und unter Freunden.
In den ewigen Streit zwischen Althergebrachtem und neuen
Erfindungen,
zwischen Gehorsam und Abenteuer
mische ich mich nicht mehr ein.

Seid nachsichtig, wenn ihr uns vergleicht mit denen,
die für den Gehorsam waren, uns,
die allenthalben Suchenden nach dem Abenteuer.

Wir sind euch nicht feind,
wir möchten euch große und merkwürdige Gegenden
schenken,
in denen das Geheimnis blüht und gepflückt werden will,
in Farben, die ihr nie zuvor gesehen habt,
unergründliche Trugbilder,
die endlich wirklich werden sollen.
Die Güte möchten wir erforschen, eine Gegend, in der alles
stillhält
und genug Zeit ist, es loszuwerden oder zu hüten.
Erbarmen für uns, die wir am Saum des Unbegrenzten und
der Zukunft kämpfen,
habt Erbarmen mit unseren Irrtümern, Erbarmen für unsere
Sünden.

Schaut, wie der Sommer kommt, die gewaltsame Jahreszeit,
wie die Jugend dahingeht, wie das Frühjahr vergangen ist.
Sonne, die wie die heiße Vernunft aufsteigt,
ich erwarte sie und werde ihr immer folgen.
Sie ist nobel und sanft.
Sie kommt und zieht mich magnetisch an.
Sie verlockt mich,
die fuchsrote Zauberin.

Man könnte glauben, sie sei aus Gold.
Ein schöner Blitz, der in der Vase lange hält
wie von welkenden, stolz geflammten Teerosen.

Lacht mich nur aus, liebe Leute,
vor allem die Hiesigen.
Es gibt so vieles,
was zu sagen ihr mir nicht erlaubt habt.
Erbarmt euch meiner.

(Nach Guillaume Apollinaire, *La jolie rousse*
Aus: *Calligrammes,* Paris: Mercure de France 1918)

Die Beisetzung

Rosmarin aufs Grab
und getanzt. Noch ist
der Tote nicht tot.
Abend ists, und die Nacht
sinkt über uns herab.

Schlaf gut! Schlaf gut!

Schon sinkt die Nacht,
die Nacht, wir tanzen.
Nieder schlägt die Tote
die Lider, weil alle Welt
zum lieben Gott betet.

Schlaf gut! Schlaf gut!

Suchen wir eine Kirchenbank.
Der Tod geht um,
er steht vor dem Tor.

Schlaf gut! Schlaf gut!

(Nach Guillaume Apollinaire,
Funérailles)

Ballade vom Staub

Was ist es denn, was da staubt?
Es ist ein feiner Schmutz.
Ohne Luft geht es nicht. Ohne Luft
kann es nicht stauben. Im Psalm
heißt es *pulvis et umbra sumus*,
wir sollen, wenn es Zeit ist,
zu Staub und Asche werden
und zur Erde zurückkehren.

Es ist möglich, jeden Staubflocken
abzupflücken und zu verscheuchen.
Man kehrt, man putzt, man wischt,
man schüttelt ihn aus, siebt und saugt.
Aber es ist mühsam, anstrengend
und kostet viel Zeit und Geld,
die Küchen und die Labore
staubfrei zu machen, denn allzuwenig
hilft es, zu kehren, zu wedeln.
Kein Besen, kein Tuch, kein Pinsel
und keine Maske kann verhindern,
daß der Staub wiederkehrt.
Er ist unbesiegbar.

Im Sonnenlicht glaubt man zunächst,
daß diese Millionen von winzigen Tänzern

einander gleichen. Aber das stimmt nicht.
Manche Staubkörner sind größer,
länglicher oder weniger kugelförmig
und scheinen bizarrer zu sein.

Wenn man sie nur festhalten,
wie Schmetterlinge fixieren
und unter das Mikroskop legen könnte.
Aber das ist unmöglich. Warum
nennt man sie eigentlich Körner?
Ach, sie sind so flüchtig und schweben
so leicht! Nicht wie die Samen des Getreides,
dick wie die Nüsse der Hasel oder Palme.

Gewiß gibt es Staubforscher,
die ihr ganzes Leben damit zubringen,
Die Bewegung, den Tanz und den Taumel
dieser Erscheinungen zu beobachten,
und versuchen, sie zu erklären.
Wie ihre Wissenschaft heißt,
das wüßte ich nicht zu sagen,
weil ich ein Laie bin. Vielleicht sind sie
Pulvisologen, obwohl das Wort *pulvis*
eigentlich besser zum Schießpulver
als zum Schweben des Staubes paßt.

Es war der Arzt und Botaniker Mr Brown
aus Schottland, der entdeckt hat,
daß es solche kleinsten Teilchen gibt,
die ruckartige zitternde Bewegungen
vollführen und zufällig die eine
oder die andere Richtung einschlagen.

Das Ganze hängt von der Entwicklung
der Wärme, also von der Thermodynamik, ab.
Aber von der haben Putz- und Hausfrauen
oder Leute wie ich keine Ahnung.

Ich staune, bewundere und ärgere mich,
wie alle anderen Menschen, über den Staub.

Nullum nisi bene

Das macht nix.
Sag das noch mal,
wenn du dich traust!
Das macht nix.
Nie und wieder nix
ist hier los.
Kruzifix noch mal.
Immer dasselbe
mit deinem Gemix!
Das sagst du mir ins Angesix?
Mit dem Titel deines Gedix
kann ich überhaupt nix
anfangen. Das sind lauter bloße Trix.
Du bist und bleibst ein Taugenix!
Das ist eine Frage des Geschix.
Das sagst du in der Wut des Augenblix.
Du kannst mich mal!
Was denn?
Nix.
Sag das noch mal,
wenn du dich traust!
Nix für ungut.

Warum sind Binnenreime innen?

Ein wahrer Unsinn

Sie hausen ungern außen.
Sie wohnen lieber draußen.
Draußen ist es bitterkalt,
wo kein Echo widerhallt.

Trotzdem wird man's wieder tun,

weil Schuhe in den Truhen ruhn,
auf Hockern Rocker hocken.

Schlingern dann die Dinger
schlimmer im Gewimmer?

Das ist leider immer so.
Nirgends gibts ein Zimmer, wo
man endlich seinen Frieden hat.
Das wär doch was hienieden.

Dann hören wir Sirenen.
Alarm, das ist zum Gähnen.
Wir finden, das genüge,
denn was man hört, ist Lüge.

Es zeigt sich, wie wir schweigen,
wozu wir heimlich neigen.
Das ist doch nicht zu fassen!
Wer sähe denn gelassen,
wie Massen sich vor Kassen
nicht nur für SCHUND erwärmen
UND gar noch von ihm schwärmen;
da hilft kein Härm- noch Lärmen.

Die Taucherglocken – das sind Brocken.
Ihn aber freuen feine Hüllen
von Flocken, wo sonst Stiere brüllen.
Wer macht sich sacht da auf die Socken

mit seinen weizenblonden Locken?
Es ist der Schnee mit feinen Glöckchen.
Was sollen ihm die Streptokökkchen?
Er pfeift auf sie. Er seift sie ein.

Er hörte schlecht und nie auf das,
was andre läuten, denn er scheute,
wie Leichenglocken Leute freuten.
Mit seinem Reimleim klebt er weiter,

So wird der Reim im Keim gescheiter
Und ganz alexandrinisch breiter:

Egal, was er beteuert, der Dichter ist bescheuert.
Er dichtet ohne Gnade, und schon mal etwas fade.

Doch ist das jammerschade?

Ein Liedchen zum Andenken Heinrich Heines

Ich sitz in meinem Sessel
und habe ganz vergessen,
was ich vor meinem Fenster sah.
Der Biber kam aus dem Gebüsch.
Der Sessel war aus grünem Plüsch.
Es hat sich wieder allerhand
Rühmenswertes angesammelt.
Gestern Kommunist,
morgen Kommunist,
aber doch nicht heute!
Das sagen die meisten Leute.
Zwar wurd ich immer blässer,
doch gings mir immer besser.

Der Ruhm jedoch vergammelt.
Ich lobte wohl die Müllabfuhr.
Mir wars zum Gotterbarmen.
Das ging sehr leicht, und über Nacht
hab ich zwei Zentner abgenommen.
Soweit habt ihr's mit mir gebracht!
Ich hätt es nimmermehr gedacht,
nicht mal in kühnsten Träumen.

Doch unter Birnenbäumen
Ist es im Herbst so warm

und hat derart viel Charme,
daß niemand es riskierte,
mich davon abzubringen.
Ich war vor allen Dingen
So gnädig noch gesonnen,
daß mir bei allen Wonnen,
die ich mir gern versagte,
ein Wurm, der mich oft plagte
und der ins Ohr mir sagte,
was alles schon verloren war,
obwohl ich doch geboren war.
Zwar hätt ich beinah, um ein Haar,
aus lauter Liebe mich sogar
dazu bereit gefunden,
zu dulden, alle Schulden
als hoffnungsvolles Zeichen
hemmungslos zu streichen.
Ich liebe das gemeine Pack
und halt mich fern von ihm.
Ich geb mich, wie ihr alle glaubt,
als trüg ich ein gesalbtes Haupt
und wäre besser, als ich bin.

Die Menschheit, ja,
ans Herz damit,
mit einem Federstrich,
doch ohne mich.

Nägel und Schrauben

Nägel und Schrauben sind leicht zu verwechseln.
Sie bestehen aus Eisen, aus Holz
oder aus einem anderen Material,
sind länglich und steif, nicht weich,
eher hart und unnachgiebig.

Das ist nicht ihr einziger Unterschied.
Ein jedes gehorcht seiner eigenen Logik.
Wahrscheinlich ist der Nagel älter
als die Schraube, und in diesem Sinn,
aber nur in diesem Sinn, ehrwürdiger.

Wenn jemand darauf bedacht ist,
etwas zu befestigen oder aufzuhängen,
damit es nicht so leicht nach unten,
zur Erde und zu Boden, fallen möge,
dann ist der Nagel so primitiv
wie wirkungsvoll.

Was seine Aufgabe angeht, ist er
grundsätzlich von der Schraube verschieden,
so daß man behaupten könnte,
daß beide einer jeweils anderen
Mathematik angehören.

Unbestreitbar ist, daß einer,
der einen anderen zu kreuzigen Lust hat,
Nägel benötigt, nicht Schrauben,
und dazu braucht er den Hammer,
nicht den Bohrer.

Um sich selbst zu bekreuzigen,
ist weder das eine noch das andere vonnöten.
Ein Finger genügt, und damit
ist man verstanden und zufrieden.
Kein Blut wird vergossen.
Mit dieser einfachen Geste ist es getan.

Wohl kann es beim Hämmern
zu Blutvergießen kommen,
und zwar dann, und nur dann,
wenn jemand den Nagel nicht
auf den Kopf trifft.
Geschraubtes in der Rede ist zwar blutleer,
aber nicht weniger schmerzlich.

Das ist nur eine Erinnerung,
eine schwache, eine Andeutung
davon, daß man gekreuzigt ist.
aber nicht ganz vernagelt bleibt.

Schnell vorbei

Langsamer leben wie die Schildkröten
und die heidnischen Götter, geduldig,
ohne Eile, das Beste kommt spät genug.
Der Leib verfällt oder fällt ein,
das Rückgrat biegt oder krümmt sich
unter der Jahre Last, den Gliedern entgehen
Glanz, Gelenkigkeit, Stärke.
Das fallende, erbleichende Haar,
die aufgelösten Locken, die schrumpfende Haut,
die faltenziehende Stirn, die Lücken der Zähne.
Noch hast du Plomben und Brücken,
die deine Stümpfe halten. Die Taten
haben Früchte getragen, und alle Illusionen
sind dir zerfallen.
Die Tagesfliege, *ephemera vulgata,* lebt nur
ein paar Minuten, aber ihre Art
geht Millionen von Jahren zurück.

Rascheln

Das Laub der Kastanien raschelt im Regen.
Es rasselt auf das Pflaster im Oktober.
Das Geflüster der stolzen Greisinnen,
die sich nicht einmal schämen,
daß sie nie verliebt waren.

Witwen sind grausam,
sie haben nichts zu verlieren
als verblaßte Erinnerungen
und vergilbte Gesichter.
Bis sie sich selber einreihen in
eine Prozession von
alten raschelnden Kleidern.

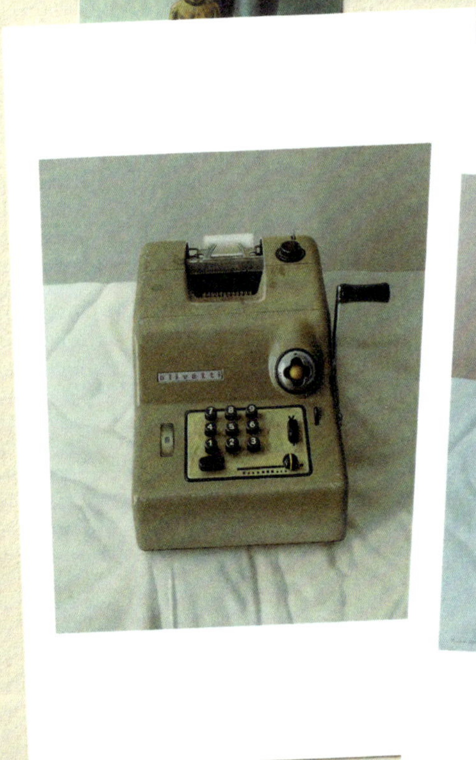

VICTOR
VICTOR

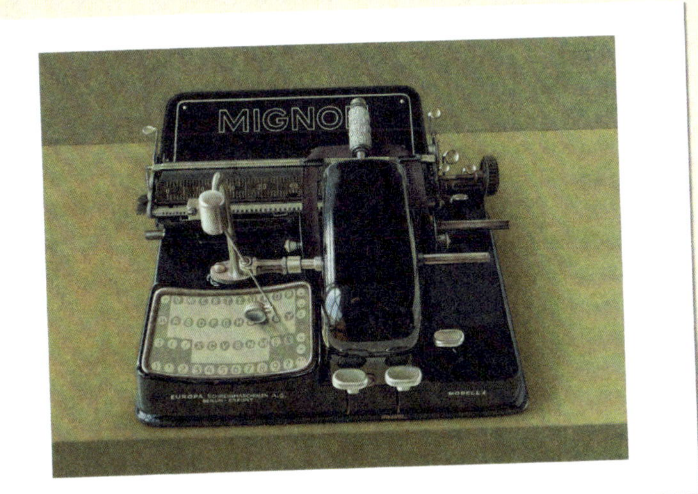

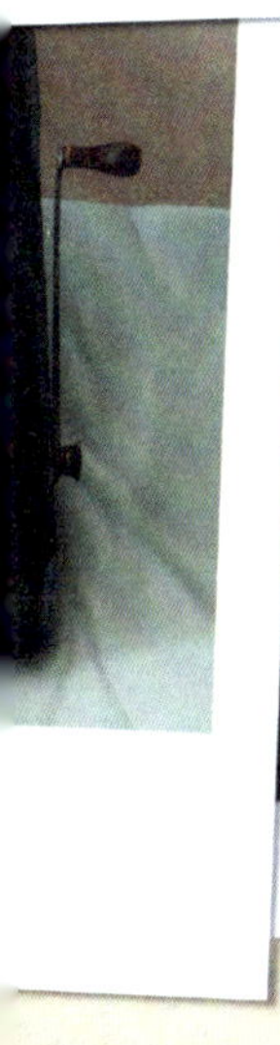

Jean Ignace Isidore Gérard

Er nannte sich Grandville
und konnte alles.
Er hat eine andere Welt erfunden,
weil er kein Geld hatte.
Sie ist voller Rätsel
und ungemütlich.
Er schuftete nachts.
Das Publikum verstand wenig
von seinen Künsten; es glaubte,
er freue sich seines Lebens.

In seinen Selbstporträts
sieht er zerzaust aus
mit einem Kopf voller Locken.
In einem Jahrzehnt hat er seine Frau
und drei Kinder verloren.
Ein gebrochener Mann.

Doch in seinen vielen Zeichnungen,
über dreitausend,
bezeugt er uns Visionen,
die Apotheosen, die Wiedergeburt,
Zoomorphosen und andere
Gespenster und Ungeheuer;

Blumen wachsen aus den Gesichtern,
Visagen aus Blumen.

Was er alles geschildert hat:

Den Zeitvertreib des Alters,
das Begräbnis der Freiheit
und des Friedens
sah er als Schlafwandler:
die Verschwörung der Regenschirme,
die Müllabfuhr, einen Zwerg
und ein Ferkel, so groß wie ein Elefant.

Nichts war sicher vor seinem bösen Stift.
Robinson hat er illustriert
und *Gullivers Reisen.*
Bei den Yahoos war er wie Swift
eher zu Haus als bei den Menschen.

Chut-hoho-pschitt-oyyi! rief er
in die Mitternacht.
Das erste Gedicht ohne Worte.
Niemand hörte ihm zu.

In seiner Grabinschrift,
die er selbst verfaßt hat,
sagt er: »Hier liegt J. J. Grandville,
er beseelte alles
und machte nach Gott
alles Leben und Sprechen,

er selbst aber verstand nicht,
den rechten Weg
zu seinem Glück zu finden.«

Mit kaum vierzig Jahren
starb Grandville im Irrenhaus.

Ohne Titel

Was geschieht, wenn du fast nichts mehr ißt?
Du willst dein Bett nicht mehr verlassen. Schau
aus dem Fenster, ob es dämmert
oder endlich hell wird wie das Himmelreich,
das dich erwartet, wenn du weniger sündigst.

Ein paar Tropfen

Je älter du wirst, desto schneller
verdunsten die, von denen du glaubst,
daß du sie besser gekannt hast
als die andren, gleichsam
wie ein Sommerregen auf dem Asphalt.
Nur ihre Gewohnheiten oder ihre Marotten
bleiben zurück. Auf das Gedächtnis
ist kein Verlaß. Unberechenbar
wie ein Zufall ist das, woran du
dich erinnern kannst: Wie die Geliebte
oder die Freundin sich immer
am Ohr zupft oder wie man diesen Herrn
schon von weitem erkennt
an seinem wiehernden Lachen.
Name, Adresse oder Beruf
sind schon lange vergessen.
Nur diese winzige Spur
ist noch da, ein Rest
Vergangenheit,
der nicht gänzlich verschwindet.

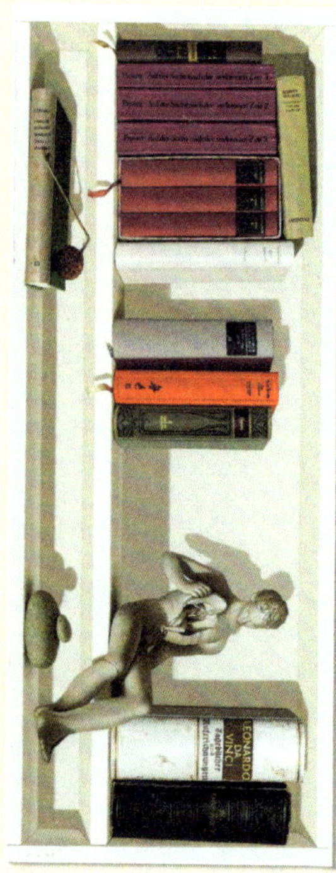

Über die Poeten

Eine Nachbemerkung

Die Tricks der Dichter sind so alt und zahlreich, daß ihren heutigen Nachfolgern kaum etwas Neues einfällt. Wir sind alle Epigonen. Selbst die Rapper aus dem Ghetto ahmen, ohne es zu merken, die traditionellen Romanzen nach: den Schlag- und den Schleifreim, die Alliteration, die Anapher und den Stabreim, den die Isländer erfunden haben. Das ist bei weitem nicht alles.

Andere Zauberkunststücke sind, zumindest vorläufig, ausgestorben. Nur Altphilologen wissen noch, wie sich die sapphische von der alkäischen und der asklepiadeischen Strophe unterscheidet.

Das Sonett dagegen hat ein zähes Leben. Kenner wissen, was Petrarca und Shakespeare damit angefangen haben, und Robert Gernhardt widmete ihm einen virtuosen, aber folgenlosen Abgesang. Sonette fand er »so was von beschissen«, was aber ihre Produktion eher beflügelt als eingeschränkt hat.

Der Alexandriner hält sich vor allem bei den Franzosen. Für das Rondeau gibt es einen berühmten Meister dieser strengen Gedichtform. Das ist Charles d'Orléans, der Sohn eines Herzogs, der von 1394 bis 1465 lebte. Er soll mehr als zweihundert Rondeaus geschrieben haben. Allerdings wandelte er das italienische und englische Reimschema wie folgt ab: abba, abab, abbaba, mit dreifacher Wiederholung des Anfangsverses und mit einem Envoi, der nur eine Halbstrophe ist. Daraus folgt, daß seine Rondeaus aus fünf plus vier plus sechs Versen bestehen. Sie wurden sehr spät, wahrscheinlich erst postum veröffentlicht. Seiner Reputation hat das nicht geschadet. Manche dieser Gedichte sind bis heute populär, gehören zum Schulstoff im Lyzeum und werden immer wieder sorgfältig ediert (*Poésies*, herausgegeben von Pierre Champion, Bände I-II, Paris 1923-1927; *La veritable édition des Poésies de Charles d'Orléans*, Paris 1933).

Den Umgang mit dem Limerick beherrschen nur die Iren und die Engländer. Niemand übertrifft Edward Lear in dieser Kunst, und die Deutschen betreiben den Schüttelreim bis zur Virtuosität und bis zum Kalauer.

Den Mantel der Nächstenliebe breiten wir über die Italiener aus, weil es ihnen allzu leicht fällt zu reimen, siehe die Stanze oder Ottaverime, die Siziliane und die Sestine, an der sich in Deutschland der Herr von Eichendorff heroisch versucht hat mit ihren sechs Strophen zu je sechs Versen, in denen sich die Reimwörter nach einem strengen Schema zu wiederholen haben, plus sechs Verse als sogenannte Geleitstrophe. Schlimm genug!

Aber es gibt noch abscheulichere Formen der Dichtung. Die abstoßendste ist der Sonettenkranz, der aus vierzehn Sonetten und dem Meistersonett am Ende besteht, das alle vierzehn Anfangsverse der vorangehenden Sonette aufnimmt, wie eine gut geölte Maschine, die abschnurrt, ohne daß sie jemals ein Lebenszeichen von sich gegeben hätte.

Man sollte also den Nummern der Poeten nicht über den

Weg trauen. Wie im Zirkus sind ihre haarsträubenden Attraktionen oft nur ein Blendwerk, mit dem sie dem Publikum imponieren wollen.

Inhaltsverzeichnis

Erste Auflage 2023. Originalausgabe.
Bezugspapier: Jan Peter Tripp, Mittelbergheim. Gesetzt in der Schrift Adobe Garamond Pro. Gedruckt auf holzfreies, alterungsbeständiges Werkdruckpapier der Firma LENK Paper Schleipen GmbH, Bad Dürkheim, von der Memminger MedienCentrum AG, Memmingen. Gebunden in Fadenheftung von der Conzella Verlagsbuchbinderei GmbH & Co. KG, Aschheim-Dornach. Dieses Buch wurde klimaneutral produziert: climatepartner.com/14438-2110-1001. Printed in Germany.
ISBN 978-3-458-19521-4. www.insel-verlag.de